AF331183

CONCOURS

POUR

L'AUDITORAT AU CONSEIL D'ÉTAT

THÈSE.

Paul-Bernard **TARDIF**.

Juillet 1849.

PARIS

IMPRIMERIE CENTRALE DE NAPOLÉON CHAIX ET Cie,

RUE BERGÈRE, 20, PRÈS LE BOULEVART MONTMARTRE.

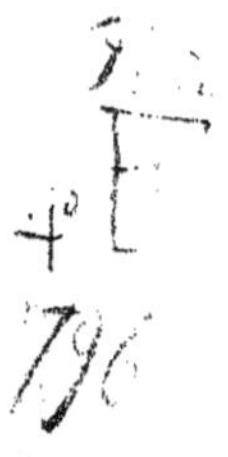

THÈSE.

—

1° *Indiquer le système qui fut adopté par l'Assemblée constituante de 1789 pour les revenus publics, en faisant connaître sur quels principes économiques et politiques reposait ce système.*

Quelles étaient les différentes natures de revenus et leurs produits.

2° *Indiquer de la même manière quel était, en 1848, notre système de revenus publics, en montrant comment il différait de celui que l'Assemblée constituante avait adopté.*

CONCOURS

POUR

L'AUDITORAT DU CONSEIL D'ÉTAT.

PREMIÈRE PARTIE.

Lorsque la Révolution de 1789 éclata, les finances du royaume étaient dans l'état le plus misérable. Turgot et Necker avaient fait d'inutiles efforts pour les relever; ils avaient eu à combattre, d'un côté, des embarras matériels; de l'autre, l'opposition systématique de la noblesse et du clergé, trop intéressés aux abus pour vouloir les détruire.

Cependant, il était impossible de remédier au désordre des finances sans recourir à des réformes profondes que la situation exigeait, mais que l'égoïsme général rendait difficiles à réaliser.

La noblesse aurait voulu combler le déficit du Trésor; mais elle se refusait à tout sacrifice, et sa sollicitude pour le peuple ne se traduisait que par des dissertations philosophiques dans lesquelles on faisait un vain étalage de grands sentiments; mais fallait-il proposer et exécuter quelque moyen énergique propre à satisfaire pendant un temps les besoins publics? tout le monde restait muet. Nul ne parlait mieux des souffrances du peuple que le Parlement, et jamais le privilége n'avait eu de si zélé défenseur. Tous enfin parlaient du bien public, mais bien peu le voulaient sincèrement. Le roi seul était animé des meilleures intentions; mais, dans l'impossibilité où il était de prendre aucune initiative, il se contentait de voir et de souffrir le mal sans pouvoir y porter remède.

MM. de Calonne et Brienne marquèrent leur passage au ministère par des projets hardis, mais faiblement exécutés, qui n'aboutirent qu'à provoquer une résistance qu'ils étaient incapables de vaincre. Necker, rappelé par l'opinion publique, entra de nouveau aux affaires, et pendant quelque temps son génie vaste et flexible fit renaître la confiance et le crédit. Mais la situation du pays était trop critique pour que l'espèce de bien-être factice qu'on commençait à ressentir pût durer bien longtemps. L'effervescence générale était à son comble ; le pouvoir démembré ne résidait dans aucune main ; l'anarchie envahissait tous les services publics, et le Trésor était vide. Les impôts, dont la réforme était promise, cessaient d'être payés, le produit des autres branches du revenu presque nul, et le numéraire disparaissait rapidement. En un mot, la France était menacée d'une banqueroute imminente, quand l'Assemblée nationale, prenant d'une main vigoureuse les rênes de l'État, entreprit à elle seule la tâche devant laquelle avaient reculé les précédents ministres, celle d'une réforme générale à introduire énergiquement dans les différentes branches des services publics.

Une exposition sommaire du mécanisme financier en 1789 nous donnera la clef de la réforme accomplie par l'Assemblée constituante.

Avant 89, les règlements en matière d'impôts, laissés à la direction et au souverain arbitre de la volonté royale et de ses agents, témoignaient trop souvent des exigences des hommes alors au pouvoir, et des abus qu'entraîne toujours à sa suite un pouvoir arbitraire. Tout était privilége dans les individus, les classes, les villes, les provinces et les métiers eux-mêmes. Tout était entrave pour le génie de l'homme ; la répartition des impôts était, la plupart du temps, inégale et injuste, et la perception en était aussi vexatoire qu'arbitraire.

Ce fâcheux état de choses, objet de tant de réclamations sous l'ancien gouvernement, éveilla tout d'abord l'attention de la Constituante. Cette assemblée tenta d'établir un nouveau mode d'impositions, simple et uniforme, sur les ruines de l'ancien système.

Mais avant d'exposer les modifications et les réformes introduites par la Constituante, passons en revue les anciennes impositions que la suite des temps avait amenées. Elles étaient divisées en cinq classes principales :

1º Impositions directes, qui comprenaient les dîmes, la taille réelle, les vingtièmes, la taille personnelle et la capitation ;

2º Impositions du monopole et du privilége exclusif, qui étaient la gabelle, le tabac, la vente de l'eau-de-vie et d'autres boissons, les jurandes et les maîtrises ;

3º Impositions qu'on appelait à l'exercice sur différentes espèces de consommations et d'industries, telles que les droits d'aides sur les boissons désignées alors sous le nom d'*équivalent* en Languedoc, d'*impôts billots et devoirs* en Bretagne, et de *quatre membres* en Flandre ; ceux d'inspecteurs aux boucheries ; ceux de marque de cuirs et à la fabrication des cartes, ceux de marque de fers et à la fabrication des huiles ;

4º Les impositions sur le transport des marchandises, qui comprenaient les droits à l'entrée et à la sortie du royaume, les péages, une multitude de droits de toute dénomination au passage d'une province à l'autre, et ceux d'entrée dans les villes ;

5º Les impositions sur les actes, droits de contrôle, centième denier, greffe, consignation, etc., etc.

Nous ne chercherons pas à approfondir la nature de ces différentes impositions ; ce serait un travail beaucoup trop long, et qui d'ailleurs ne rentrerait pas dans la question qui doit nous occuper exclusivement.

L'Assemblée constituante entreprit de substituer à l'ancien système un nouveau mode d'impositions publiques, plus conforme à l'esprit du siècle et aux exigences du moment.

Imbue des principes économiques de son temps, elle adopta dans leur ensemble les doctrines de l'école de Quesnay, de Mirabeau père, et surtout de Turgot, et elle les appliqua en grande partie dans ses règlements en matière d'impôts. Aux yeux des économistes du xviiiᵉ siècle, il n'y avait guère qu'une seule source de richesse, c'était le revenu territorial et le produit net des immeubles ; ce revenu, à leurs yeux, engendrait et représentait toute la richesse nationale, qu'ils considéraient comme une transformation du revenu foncier : il s'ensuivait comme conséquence que ce revenu seul devait être frappé directement de l'impôt, attendu que les contributions indirectes n'atteignaient pas le but qu'on devait se proposer, puisqu'en définitive elles retombaient exclusivement sur le producteur. Combattue avec raison par plusieurs financiers du temps, cette doctrine fut néanmoins adoptée par l'Assemblée constituante, qui abolit tous les droits de consommation sur les boissons (2 mars 1791), sur les sels (11 mars 1790), sur les tabacs, et même tous les droits d'octroi (9 février 91), et ne conserva que les droits de douane, les droits d'enregistrement, de timbre et d'hypothèque. Quant à la division en impôts directs et impôts indirects, si elle fut maintenue, elle n'avait plus du moins la même portée qu'autrefois ; ce n'était plus qu'une distinction nominale sans valeur.

Après cet exposé sommaire, voyons une à une les différentes branches du revenu public, que nous diviserons : 1° en impôts dits contributions ; 2° en revenus proprement dits ; et appliquons-nous à en faire ressortir les points les plus saillants.

CONTRIBUTIONS DIRECTES.

Les contributions directes se divisaient en contribution foncière, contribution personnelle, somptuaire et immobilière, et patentes.

Contribution foncière.

La contribution foncière, qui fut réglée quant à son mode d'établissement par la loi du 1er décembre 1790, remplaça l'ancienne taille et les vingtièmes. Détruisant tous les anciens priviléges personnels, réels ou territoriaux en matière d'impôts, elle assujettit l'universalité des immeubles à une contribution proportionnée au revenu effectif ou présumé qu'ils donnent. De plus, cet impôt ayant été déclaré une

charge des fruits, il fut décidé que les maisons non loüées ni habitées
devaient être exemptes de toute contribution.

La somme totale à recouvrer fut fixée par l'Assemblée constituante
à la somme de 240 millions à répartir entre les 83 départements
qui formaient alors le territoire français. Cette institution des départements était trop récente encore pour que la répartition proposée
ne fût pas l'objet de vives réclamations par suite des erreurs qui devaient naturellement se glisser dans les supputations générales et
particulières : aussi fixa-t-on un maximum au-delà duquel la contribution ne pourrait point atteindre le revenu net du contribuable. Ce
maximum était le cinquième du revenu net.

Mais comment fit, un peu plus tard, l'Assemblée constituante pour
déterminer au juste la part qu'il convenait d'assigner à chaque division territoriale dans la répartition de l'impôt?

On essaya divers moyens. Les uns voulaient prendre pour base l'é-
tendue du terrain, d'autres le nombre des habitants, d'autres encore
voulaient combiner la superficie du terrain avec la population. Enfin
le mode qui sembla satisfaire le mieux l'opinion générale fut de cal-
culer les impôts de tout genre que supportaient les terres de toute la
France, y compris ce que les priviléges auraient dû payer, et de répartir la contribution foncière au marc la livre des anciennes impositions. Mais, sans s'arrêter à ce système qui contenait tant d'imper-
fections, la Constituante jeta les premières bases du cadastre, en
décrétant que l'opération à faire contiendrait d'abord un plan de
masse, qui présenterait la circonscription de la communauté, et puis
des plans de détail qui composeraient le *parcellaire* de la communauté
(21 août— 24 septembre 1791). C'était le moyen de réaliser vérita-
blement le principe d'égalité proportionnelle dans les charges foncières. Mais cette institution si belle et en même temps si difficile
dans son application, ne s'est vraiment réalisée que depuis la loi du
31 juillet 1821.

Nous en reparlerons plus tard.

Contribution personnelle, somptuaire et mobilière.

Elle se divisait en cinq parties :

La cote personnelle proprement dite ;
La cote mobilière ;
La taxe des domestiques ;
La taxe des chevaux ;
La cote d'habitation.

On prit pour règle d'évaluation des fortunes, la valeur locative des logements occupés par les contribuables, et après avoir réglé la proportion légale, la Constituante prit pour base de la contribution mobilière, le 20° ou le 18° des revenus représentés par la valeur des logements. Cet impôt fut fixé par l'Assemblée à 60 millions.

La suppression des droits d'octroi et des impôts de consommation avait laissé, dans les recettes des communes, des lacunes qu'il fallait combler à l'effet de pourvoir à leurs dépenses. C'est dans ce but que l'Assemblée constituante créa les *sols additionnels* aux contributions foncière et mobilière, en établissant pour celles-ci une division en *principal* et *accessoires*.

Patentes.

Cette contribution, évaluée à 23 millions, fut établie par l'Assemblée constituante (3 mars 1791) en remplacement des maîtrises et jurandes, du droit de marc d'or et autres perceptions sur les offices qui amenèrent un grand avantage longtemps désiré, celui d'établir pour tout le monde la liberté de toute espèce d'industrie et de commerce.

Il y avait cependant à cette règle quelques exceptions admises en faveur de certaines personnes, telles que

Les cultivateurs, les propriétaires et cultivateurs pour la vente de leurs bestiaux, denrées et productions, à moins qu'ils ne fissent un commerce de détail ;

Les personnes qui ne seraient pas comprises au rôle de la contribution mobilière pour la taxe de trois journées de travail ;

Les apprentis et ouvriers à gages ;

Les vendeurs et vendeuses de fleurs, fruits, légumes, poisson, beurre et œufs, vendant dans les rues, halles ou marchés.

Le prix des patentes annuelles pour les négoces, arts, métiers et professions, devait se régler à raison du prix de loyer de l'habitation, des boutiques, magasins et ateliers occupés par les patentables dans les proportions suivantes :

2 sols par livre du prix du loyer jusqu'à 400 liv.;

2 sols 6 deniers par livre du prix du loyer, depuis 400 jusqu'à 800 liv.;

3 sols par livre du prix du loyer au-dessus de 800 liv.

De plus, cet impôt avait trois degrés : la demi-patente (pour les boulangers), la patente simple (pour ceux qui n'exerçaient qu'une profession); et enfin la patente supérieure (pour ceux qui réunissaient plusieurs industries, et qui payaient alors un droit plus considérable que celui fixé ci-dessus).

CONTRIBUTIONS INDIRECTES.

Droit d'enregistrement.

L'origine historique des droits de mutation remonte au commencement de la féodalité. Les *lods et ventes* étaient perçus sur l'aliénation des censives ; les droits de *quint*, sur l'aliénation des fiefs ; les droits de *rachat* étaient exigés pour les successions roturières, les droits de *relief* pour l'investiture et la succession des fiefs. Plus tard, la royauté établit à son profit des droits plus étendus, mais dont quelques-uns avaient au moins l'avantage d'être fondés sur l'intérêt public. C'est ainsi qu'elle créa les droits d'*insinuation* pour la publicité des donations et des substitutions, les droits de *contrôle* d'abord sur les actes notariés, sur les exploits et sur les actes sous seing privé ; puis enfin Louis XIV, en établissant encore un grand nombre de droits, ne laissa rien échapper à cette législation fiscale.

L'Assemblée constituante, par respect pour les droits qui tenaient aux anciens contrats, maintint, il est vrai, les lods et ventes; mais en autorisant le rachat de ces droits, elle réagit fortement contre les doctrines de la ferme générale en matière de contrôle, d'insinuation et de centième denier.

Dans le but d'assurer l'existence des actes des notaires et les exploits des huissiers et de constater leur date, l'Assemblée constituante de 1705, en supprimant l'ancien contrôle, établit l'enregistrement par décret du 5 décembre 1790. Ce décret, qui comprenait, sous le nom d'enregistrement, les droits d'*acte* et les droits de *mutation*, reposait sur une base toute nouvelle en ce qu'elle ne soumettait à l'impôt que les conventions écrites et les mutations par décès; quant aux actes sous seing privé mentionnés en d'autres actes, ils ne pouvaient être frappés de l'impôt qu'au moment de leur présentation à l'enregistrement, sans pouvoir donner lieu préalablement à des recherches et à des droits. C'est là le caractère qui distingue le décret de 1790 des lois antérieures et subséquentes.

Le timbre, un moment aboli, fut rétabli par l'Assemblée constituante en 1790 sur les trois bases du papier pour les minutes, pour les expéditions et pour les effets du commerce.

Douanes.

Henri III, et plus tard Colbert, furent les deux premiers législateurs en matière de douanes. L'Assemblée constituante ne fit que continuer l'œuvre du ministre de Louis XIV, en adoptant son système restrictif et en modifiant le tarif existant d'après les besoins de l'industrie nationale.

Voici, du reste, quels sont les principes fondamentaux d'économie sociale qui ressortissent de cette matière, et qui la régissent encore aujourd'hui :

1° Mettre des entraves à l'introduction de tous les objets que nos fabriques peuvent fournir à notre consommation, et à la sortie de tous ceux qui sont essentiels à l'industrie nationale;

2° Établir des droits pour favoriser la concurrence de nos manufactures avec les manufactures étrangères;

3° Appeler, par un affranchissement absolu, les matières premières dont nous sommes dépourvus.

Plusieurs lois postérieures se chargèrent de l'établissement définitif de l'administration. Les douanes donnaient un revenu approximatif de 9 à 10 millions.

DES REVENUS PROPREMENT DITS.

Les revenus proprement dits comprenaient la poste aux lettres, les forêts, les salines, les canaux, les domaines, les épaves et les déshérences.

De la Poste aux Lettres.

Cette institution, dont on doit le premier établissement en France à Louis XI, fut conservée en régie par l'Assemblée constituante; mais comme on payait en papier-monnaie, ses produits étaient à peu près nuls.

Des Forêts.

Les forêts nationales donnaient, sous l'ancien régime, 12 millions en produit net. Les réunions qui furent faites des bois en grande masse possédées par les corporations supprimées ou par les émigrés doublèrent presque ce produit. La surveillance en était confiée à la régie de l'enregistrement.

Salines.

Elles étaient divisées en deux parties : les salines de l'Est, c'est-à-dire des départements de la Meurthe, du Doubs et du Jura, et les marais salants des côtes des deux mers. Ce revenu donnait un produit net de 7 millions.

Canaux.

Ce produit était distingué des autres domaines, parce que l'État les conservait à titre de propriété incommutable.

Les principaux canaux étaient ceux du Midi, d'Orléans, de Briare, de la Belgique et du Centre, qui produisaient environ 1,220,000 fr.

Des Domaines.

Cette branche de revenus se composait des fruits des domaines inaliénables, ceux des terrains dépendant des fortifications, des fermages des domaines à vendre et du produit des rentes de toute nature. Tous ces objets produisaient 20 millions environ.

Tel était le système de revenus adopté par l'Assemblée constituante. Nous avons esquissé à grands traits les différentes natures de ces revenus, ainsi que leurs rapports. Il ne nous reste plus rien à dire sur cette question, si ce n'est que plusieurs innovations introduites par l'Assemblée constituante se ressentent peut-être un peu de l'agitation du temps et du tàtonnement inévitable où devait l'entraîner son inexpérience ; mais qu'en général elles portent l'empreinte de l'esprit énergique, résolu, éclairé et quelquefois sublime qui caractérisa cette grande Assemblée.

Épaves et deshérences.

La régie de l'enregistrement et du domaine national était encore chargée de recueillir pour le compte du trésor public les épaves et déshérences, et généralement tous les objets qui, n'appartenant à personne, revenaient à la République.

Leur produit pouvait s'élever à 400,000 francs.

SECONDE PARTIE

Les ressources de l'État consistaient, en janvier 1848 : 1° dans des biens meubles et immeubles ; 2° dans des impôts de diverse nature.

DOMAINE DE L'ÉTAT.

Il est corporel ou incorporel.

§ Ier. DOMAINE CORPOREL.

Il renfermait des biens meubles et immeubles.

Les biens meubles se composaient d'un nombre indéfini, tels que les bibliothèques, les collections d'objets d'arts et de sciences, les archives nationales, etc., etc.

Les biens immeubles se composaient de terres, de forêts et d'édifices dont la valeur estimative est de plus d'un milliard deux cent soixante-dix-sept millions.

L'administration des domaines s'exerce par un service central et par un service départemental.

Parmi les biens de l'État, il en est qui ne sont pas soumis aux règles ordinaires du domaine. Une exception a été faite à l'égard des forêts de l'État. Cette partie du domaine, à raison de sa nature, a dû être soumise à une organisation spéciale, dont la loi du 15 septembre 1791 et les ordonnances des 1er et 5 janvier 1831 constituent les bases.

Le principe de l'inaliénabilité des forêts avait été maintenu par le décret du 22 novembre 1791, qui défendait de les faire comprendre dans les biens nationaux ; mais la loi du 25 mars 1817 permit de les hypothéquer, et plus tard, en 1831 (25 mars), des besoins impérieux déterminèrent le Gouvernement à en permettre l'aliénation.

Le revenu des forêts était de 24 millions et demi.

§ II. DOMAINE INCORPOREL.

Droits susceptibles de ferme.

Pêche fluviale. — Les droits de pêche s'exercent au profit de l'État, dans les fleuves, rivières, canaux, fossés, etc., dont l'entretien est à la charge de l'État. Ils rapportaient au Trésor environ 450,000 fr.

Droits de bacs et bateaux. — L'Assemblée constituante en avait laissé l'exercice aux seigneurs auxquels ils appartenaient; mais, supprimé par l'Assemblée législative, ce droit fut revendiqué par le Directoire, au profit de la nation.

Droits de péage. — Autorisés par plusieurs lois et entre autres par celle du 24 mai 1834, ils furent établis pour concourir à la construction et à l'entretien des ponts.

Droits de chasse dans les forêts de l'État. — Ses revenus annuels étaient d'environ 100,000 fr.

Droits non susceptibles de ferme.

C'étaient :

Les confiscations spéciales ; ce droit, aboli en 1791, rétabli par le décret du 27 juillet 1792, fut anéanti par la Charte en tant qu'il portait sur des choses immobilières; mais le droit de confiscation mobilière a continué de subsister, principalement dans les lois sur les domaines et les contributions directes ;

Les amendes prononcées par les tribunaux ;

Les épaves, c'est-à-dire les objets mobiliers qui n'ont pas de maître, et qui comprennent les épaves maritimes, les épaves de fleuve, les épaves de terre ;

Le droit de déshérence, c'est-à-dire la substitution de l'Etat aux biens de ceux dont la succession est abandonnée.

IMPOTS.

Nous avons vu que la division adoptée par l'Assemblée constituante fut celle en contribution foncière et mobilière sur les revenus, et en imposition sur les capitaux.

Le Directoire adopta bien dans son ensemble le système établi par l'Assemblée constituante ; mais, continuellement en présence de besoins incessants, il appela à son aide l'esprit de fiscalité, reconstitua les droits de greffe et créa l'impôt des portes et fenêtres et l'impôt personnel des trois journées de travail.

Le Consulat rétablit les impôts indirects.

En conséquence, la législation, en 1848, s'appuyait sur les bases données par ces trois gouvernements successifs, en même temps qu'elle se mettait en harmonie avec les notions actuelles de l'économie politique.

L'économie politique est la science qui a pour but de déterminer comment la richesse est et doit être produite, répartie et consommée, dans l'intérêt de la société tout entière. Elle embrasse tous les faits qui constituent ou qui modifient la valeur échangeable et productive des choses, en même temps qu'elle indique tous les moyens propres à augmenter la richesse nationale, et par conséquent elle se lie intimement aux impôts, car les impôts étant un des éléments de la richesse ou de la misère publique, ils exercent une grande influence sur la valeur échangeable et productive.

La production de la richesse se fait par trois classes de producteurs : les propriétaire fonciers y compris les fermiers cultivateurs, les capitalistes et les travailleurs.

La distribution de la richesse se fait entre ces trois classes de producteurs : les propriétaires fonciers ont le revenu net, les cultivateurs la rente territoriale, les capitalistes les profits de leurs capitaux, et enfin les travailleurs les profits de leur industrie ou le salaire de leur travail.

Les deux faits de la production et de la distribution de la richesse nécessitent un échange continuel de valeurs , qui , après avoir subi différentes mutations , deviendront elles aussi un capital susceptible d'être transmis par les derniers détenteurs à leurs héritiers.

Mais le Gouvernement, par la protection qu'il exerce au nom de la société sur les producteurs et les éléments de la production , en facilitant les échanges et en garantissant les transmissions héréditaires, participe à la production , et par suite doit, comme les autres agents, avoir part aussi à la distribution.

Telle est la base rationnelle et scientifique de l'impôt.

Nous allons maintenant examiner un à un les différents impôts, en tâchant d'indiquer les points de contact ou de dissemblance qu'ils pouvaient avoir avec ceux que l'Assemblée constituante avait établis.

CONTRIBUTIONS DIRECTES.

Les contributions directes sont celles qui frappent directement et au moyen d'un rôle nominatif sur les personnes qui en sont passibles. Elles n'étaient consenties que pour un an , et devaient être chaque année votées de nouveau, après discussion, par les deux Chambres.

Il existait une différence importante dans le mode d'assiette de ces différents impôts. A l'égard des uns, on déterminait par avance la somme fixe et totale qu'ils devaient produire , sauf à des pouvoirs intermédiaires et locaux à la répartir entre les départements, les arrondissements, les communes et les individus. C'étaient les *impôts de répartition*. A l'égard des autres, on fixait à l'avance la somme à payer par chaque contribuable, mais qui n'avait rien de certain dans la totalité à recouvrer par le Trésor. C'étaient les *impôts de quotité*.

Elles comprenaient l'impôt foncier, l'impôt des portes et fenêtres, l'impôt personnel et mobilier, l'impôt des patentes et les centimes additionnels.

Impôt foncier.

L'impôt foncier est établi sur le revenu des propriétés non bâties et sur celui des propriétés bâties.

La répartition entre les départements se faisait par les Chambres législatives et dans la loi même de l'impôt. Entre les arrondissements, la répartition se faisait par le conseil général du département; entre les communes, par le conseil d'arrondissement; et enfin, entre les contribuables, la répartition avait lieu par les soins de l'autorité communale. Pour arriver à réaliser le principe constitutionnel de l'égalité proportionnelle des impôts, dont l'application présentait des difficultés si nombreuses, on eut recours au cadastre, c'est-à-dire à la levée des plans et à l'évaluation des propriétés.

L'institution du cadastre, adoptée en principe dans les lois des 28 août et 23 septembre 1791, et ordonnée par un décret du 21 mars 1793, fut toujours entravée par les troubles politiques. Cette opération ne s'est vraiment réalisée que depuis la loi du 31 juillet 1821.

Il existe deux séries d'opérations : l'une, qui a pour but la levée matérielle des plans, est confiée aux géomètres du cadastre ; l'autre, qui a pour objet l'expertise, le classement et l'évaluation des fonds, regarde le conseil municipal convoqué à ce sujet par le préfet, et qui s'adjoint en ce cas les plus forts imposés de la commune.

Il y avait en France, en janvier 1848, onze millions de cotes foncières qui figuraient au budget pour un revenu d'environ 262 millions.

Impôt des portes et fenêtres.

Créé par la loi du 4 frimaire an VII, cet impôt est dû par la propriété habitable et à raison de l'habitation ; il est assis sur les portes et fenêtres donnant sur les rues, cours et jardins des maisons et bâtiments. Le tarif en est gradué : 1° sur la population des villes et communes ; 2° selon le nombre des ouvertures ; 3° selon le nombre des étages. Cet impôt est de répartition.

Impôt personnel et mobilier.

Cette contribution, comme on le voit par son titre, se composait de deux taxes distinctes réunies par la loi du 3 nivôse an VII, séparées en 1831, et réunies de nouveau par la loi du 21 avril 1832.

La contribution personnelle, qui était autrefois la capitation, est fixée à la valeur de trois journées de travail, dont chacune, au minimum de 50 c., ne peut dépasser 1 fr. 50 c.

La contribution mobilière est proportionnée au loyer de l'habitation personnelle. On jugea que ce mode était le moins vexatoire de tous pour atteindre les revenus.

La loi du 21 avril 1832 établit que la contribution mobilière serait due non-seulement au domicile réel, mais encore dans toutes les communes où les contribuables auraient des habitations meublées.

Les villes en général, depuis 1832, ont obtenu la faculté de convertir l'impôt personnel et mobilier en une contribution indirecte sur les produits destinés à la consommation.

Impôt des patentes.

Il se composait d'un droit fixe et d'un droit proportionnel ; le droit fixe varie à raison de la population et à raison de la nature de l'industrie. Quant au droit proportionnel, il est établi d'après la valeur locative des maisons d'habitation, des magasins, etc., et s'élève ordinairement au dixième du loyer.

Centimes additionnels.

Créés par l'Assemblée nationale pour remplacer les droits d'octroi, ils ont été conservés par les gouvernements postérieurs, malgré le rétablissement des contributions indirectes.

Outre ces cinq contributions directes, il y en a quatre autres qui leur ont été assimilées, ce sont : les redevances sur les mines, la taxe universitaire, la contribution pour l'instructiou primaire et les prestations pour les chemins vicinaux, dont la désignation indique assez l'objet, pour qu'il soit nécessaire d'en parler.

IMPOTS INDIRECTS.

Les impôts indirects sont établis sur les denrées, sur les autres produits destinés à la consommation ou à l'usage, et enfin sur les services de transport. On les appelle indirects, parce qu'ils sont supportés indirectement par le contribuable, et seulement autant qu'il devient consommateur ou qu'il use de la chose et du service imposé.

I es impôts indirects renferment : 1° les contributions indirectes proprement dites; 2° les douanes; 3° les postes; 4° l'enregistrement.

1° CONTRIBUTIONS INDIRECTES PROPREMENT DITES.

Dans les contributions indirectes proprement dites doivent être compris les droits sur les denrées, les droits de monopole en faveur de l'État, et les droits sur la fabrication et la marque d'objets de luxe.

Droits sur les denrées.

Les droits sur les denrées s'appliquent aux boissons, aux sels, aux sucres indigènes.

Impôt sur les boissons.

La législation moderne sur les boissons est comprise dans les lois des 5 ventôse an XII, 25 novembre 1808, 28 avril 1816, 12 décembre 1830 et 26 avril 1832.

Les droits sont de différente nature : ainsi, les droits de fabrication et de consommation sont spéciaux à la bière, aux eaux-de-vie et liqueurs fabriquées; tandis que les droits de circulation, d'entrée, de détail sont communs aux eaux-de-vie, vins, cidres, esprits et liqueurs.

La bière imposée à sa fabrication est exempte de tous autres droits, sauf les droits d'octroi, et comme le droit est proportionné à la quantité fabriquée, il est soumis à l'exercice ou à l'abonnement.

Quant aux eaux-de-vie, les distillateurs doivent faire la déclaration des liqueurs qu'ils se proposent de faire entrer dans leur confection, afin que la régie puisse exercer son droit de surveillance et constater les résultats des opérations.

Outre les droits de fabrication, toutes les eaux-de-vie sont soumises à un dernier droit qui leur est spécial, celui de la *consommation*, qui est dû par le consommateur à la réception du liquide.

Le droit de circulation est dû à chaque déplacement du liquide ; il n'est dû qu'une seule fois, quand la destination est déclarée, malgré le changement des moyens de transport. Pour assurer la perception du droit de circulation, les boissons qui sont transportées d'un lieu à un autre doivent être accompagnées d'un acte d'expédition qui prend, suivant les circonstances, le nom de *congé*, de *passavant*, et d'*acquit à caution*.

Le droit d'entrée, dont le tarif varie suivant la situation des départements et la population des villes, a pour objet d'atteindre la consommation là où elle a lieu ; en conséquence, il ne peut être rien exigé pour les boissons qui traversent une commune ou qui ne font qu'y séjourner; mais la loi, en respectant les intérêts du commerce, a voulu prévenir la fraude en prescrivant, dans ce cas, plusieurs formalités à remplir, telles que celles du *passe-debout* et du *transit*, avec consignation, et qui donnent la faculté de traverser en franchise la ville sujette au droit d'entrée.

Le droit de détail s'exerce sur les débitants qui sont soumis à la visite des employés et à l'exercice à domicile.

Le produit de tous les droits sur les boissons était, en 1847, d'environ 88 millions.

Impôt sur les sels.

Cet impôt, autrefois connu sous le nom de gabelle, fut supprimé le 2 mars 1790 et rétabli, sauf le nom, par la loi du 24 avril 1806.

La perception, dont les moyens consistaient dans la formalité né-cessaire d'une déclaration préalable à l'enlèvement et à la représen-tation d'un congé, produisait un total de 56 millions par an.

Sucres indigènes.

Etabli en 1837, cet impôt oblige les fabricants à se munir d'un *droit de licence* et d'un droit de *fabrication*, et de plus les soumet à *l'exercice.*

Monopoles publics.

La poudre et le tabac sont deux branches d'industrie dont le Gou-vernement s'est réservé le monopole exclusif, dans un but d'intérêt général et d'ordre public. Le monople du tabac qui a toujours été éta-bli d'une manière temporaire, versait au Trésor plus de 80 millions.

Droits sur la fabrication et pour la garantie d'objets de luxe.

Ces droits sont relatifs à la fabrication des cartes à jouer et à la marque des matières d'or et d'argent.

Le droit sur les cartes, établi en 1778 et supprimé en 1791, a été renouvelé par la loi du 7 vendémiaire an VI avec droit de timbre. La perception de l'impôt s'opère par la vente du papier filigrane fourni par l'administration des contributions indirectes et nécessaire à la confection des cartes. Cet impôt rapportait 500,000 fr. au Trésor.

Les droits de garantie sont perçus sur tous les ouvrages d'or et d'argent et donnaient un produit annuel d'environ 1,500,000 fr.

2° DOUANE.

Les droits de douane frappent les marchandises étrangères à l'importation en France, et les marchandises nationales à l'exportation.

Les principes d'économie sociale proclamés par le législateur en 1791, gouvernent encore la matière des douanes. Nous les avons exposés lorsque nous avons traité la première partie; nous ne pensons pas devoir y revenir.

L'organisation de l'administration des douanes est civile et militaire.

L'exécution des lois de douane nécessite une surveillance très-active. Cette surveillance s'exerce dans une certaine circonscription appelée *rayon-frontière*, et qui s'applique aussi bien sur mer que sur terre.

Le mouvement des marchandises par importation et exportation donne lieu à l'application des droits.

Dans le cas d'importation par mer, le capitaine doit, avant le débarquement, déposer à la douane son manifeste, et, de plus, un état détaillé des marchandises écrit et signé par l'armateur ou le consignataire du navire.

Quant à l'importation par terre, il suffit d'une déclaration faite au bureau le plus voisin du point d'arrivée.

La condition de l'exportation est la déclaration des marchandises, à quelque classe qu'elles appartiennent, de marchandises soumises aux droits, de marchandises en franchise légale, de marchandises exportées avec prime.

Deux moyens existent pour suspendre ou empêcher l'application des droits, ce sont l'entrepôt et le transit. L'entrepôt est un terrain neutre où les marchandises sont introduites en franchise, mais où elles ne peuvent rester plus d'un an; les droits sont payés à leur sortie quand elles ne sont pas réexportées.

Le transit a lieu par terre ou par mer. Le transit par terre doit s'effectuer à travers la France dans un délai de vingt jours. Le transit par mer, appelé cabotage, a lieu d'un port à un autre port du royaume, et ne peut être effectué que par des navires français. Pour éviter toute fraude, les expéditeurs doivent se faire délivrer, au bureau de la douane, un acquit à caution.

Les droits de douane produisaient au Gouvernement 112 millions.

3° Postes.

Nous dirons peu de chose sur les postes; nous connaissons leur origine historique; nous savons qu'établie par Louis XI, cette institution prit depuis des développements en rapport avec l'accroissement de la population et le progrès des lumières. Nous nous bornerons donc à parler, comme pouvant rentrer à la rigueur dans cette branche de revenus, des transports par terre et par eau.

Les contributions assises sur les voitures publiques sont fixées à un dixième du prix des places contenues dans chaque voiture pour celles qui ont un service régulier, et à une taxe annuelle et fixe pour les voitures d'occasion.

Le droit de navigation est perçu d'après un tarif déterminé pour chaque fleuve.

4° Enregistrement.

Après plusieurs variations dans la législation, le système d'enregistrement qui nous régit aujourd'hui a été établi par les lois des 22 frimaire an VII, 27 ventôse an IX, qui elles-mêmes ont reçu, quant à la quotité des droits, de nombreuses modifications par des lois postérieures, et notamment des 21 avril 1816, 15 mai 1818, 16 juin 1824, 21 avril 1832 et 24 mai 1834.

Les droits d'enregistrement sont fixes ou proportionnels. Les droits fixes s'appliquent aux actes qui ne contiennent ni transmission, ni obligation, ni libération, telles que les procurations, les procès-verbaux d'apposition de scellés, les actes de société, d'émancipation, de notoriété.

Les droits proportionnels sont dus pour les obligations, libérations, condamnations, allocations ou liquidations de sommes et valeurs, et pour toute transmission de propriété.

Il nous reste à parler des droits d'hypothèque, du timbre et du greffe. En thèse générale, les hypothèques et les priviléges ne produisent d'effet qu'autant qu'ils sont rendus publics ; c'est pour arriver à cette publicité qu'il est perçu des droits relatifs à l'inscription et à la radiation des hypothèques, par l'entremise d'un fonctionnaire appelé conservateur des hypothèques.

Les droits de timbre, nés de l'édit de 1674, sont fondés aujourd'hui sur les lois des 13 brumaire et 6 prairial an VII.

Les droits de greffe, rétablis par le Directoire (21 ventôse an VII), sont perçus d'après un tarif proportionnel.

L'enregistrement, le timbre, le greffe et les hypothèques produisaient, en 1847, un revenu annuel de 215 millions.

Le système de revenus de 1848 était, comme on le voit, *plus complet* que celui qui fut établi par l'Assemblée constituante. Elaboré par les différents gouvernements qui se succédèrent depuis 1791, il eut le temps de se fortifier par l'expérience, de croître en raison des progrès de l'économie politique et d'arriver en quelque sorte à la perfection. Aussi, après l'avoir étudié et considéré sous tous les points de vue, nous estimons qu'il pourra quelquefois être modifié, altéré peut-être, mais que les principes fondamentaux qui le régissent ne périront jamais.

www.ingramcontent.com/pod-product-compliance
Lightning Source LLC
LaVergne TN
LVHW022250030726
842520LV00009B/1964